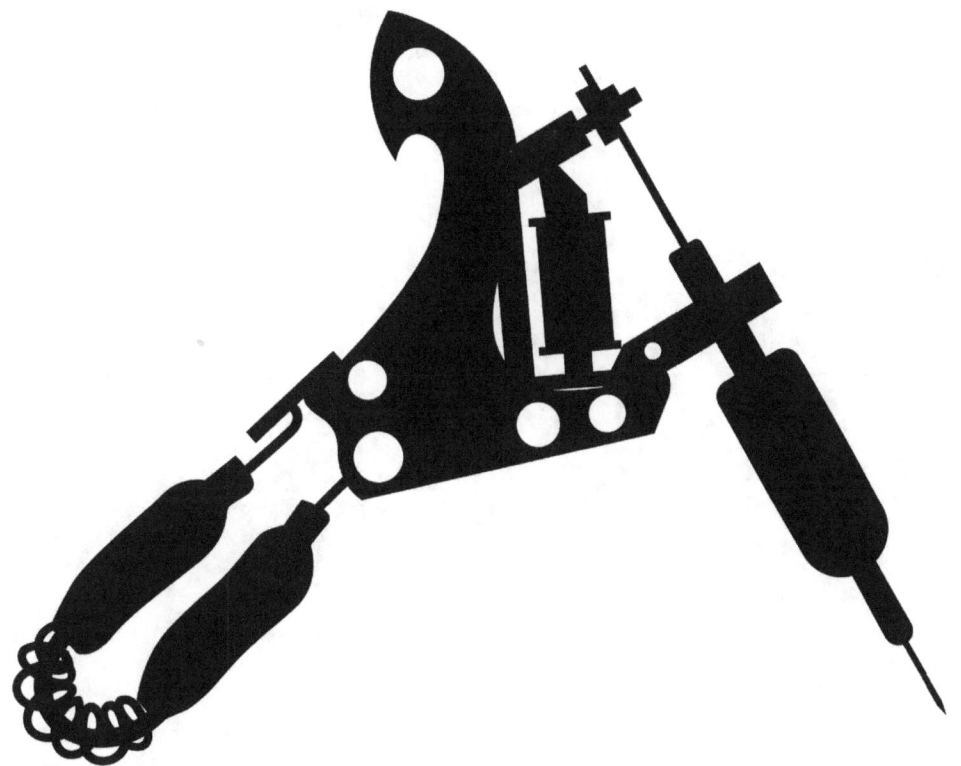

**Nombre:**_____

## Tatuaje

**Diseño:**

**Cliente:**

**Fecha prevista:**

### Paleta de colores

## Lugar de aplicación

## Diseño previo

## Detalle 1

## Detalle 2

## Notas

## Tatuaje

**Diseño:**

**Cliente:**

**Fecha prevista:**

### Paleta de colores

## Lugar de aplicación

## Diseño previo

## Detalle 1

## Detalle 2

## Notas

## Tatuaje

**Diseño:**

**Cliente:**

**Fecha prevista:**

## Lugar de aplicación

## Paleta de colores

## Diseño previo

## Detalle 1

## Detalle 2

## Notas

## Tatuaje

Diseño:

Cliente:

Fecha prevista:

## Paleta de colores

## Lugar de aplicación

## Diseño previo

## Detalle 1

## Detalle 2

## Notas

## Tatuaje

**Diseño:**

**Cliente:**

**Fecha prevista:**

## Paleta de colores

## Lugar de aplicación

## Diseño previo

## Detalle 1

## Detalle 2

## Notas

## Tatuaje

**Diseño:**

**Cliente:**

**Fecha prevista:**

### Paleta de colores

## Lugar de aplicación

## Diseño previo

## Detalle 1

## Detalle 2

## Notas

## Tatuaje

**Diseño:**

**Cliente:**

**Fecha prevista:**

### Paleta de colores

## Lugar de aplicación

## Diseño previo

## Detalle 1

## Detalle 2

## Notas

## Tatuaje

Diseño:

Cliente:

Fecha prevista:

## Lugar de aplicación

### Paleta de colores

### Diseño previo

### Detalle 1

### Detalle 2

## Notas

## Tatuaje

**Diseño:**

**Cliente:**

**Fecha prevista:**

### Paleta de colores

## Lugar de aplicación

## Diseño previo

## Detalle 1

## Detalle 2

## Notas

## Tatuaje

**Diseño:**

**Cliente:**

**Fecha prevista:**

## Lugar de aplicación

### Paleta de colores

### Diseño previo

### Detalle 1

### Detalle 2

### Notas

## Tatuaje

**Diseño:**

**Cliente:**

**Fecha prevista:**

### Paleta de colores

## Lugar de aplicación

## Diseño previo

## Detalle 1

## Detalle 2

## Notas

## Tatuaje

**Diseño:**

**Cliente:**

**Fecha prevista:**

## Lugar de aplicación

### Paleta de colores

### Diseño previo

### Detalle 1

### Detalle 2

### Notas

## Tatuaje

**Diseño:**

**Cliente:**

**Fecha prevista:**

### Paleta de colores

## Lugar de aplicación

## Diseño previo

## Detalle 1

## Detalle 2

## Notas

## Tatuaje

**Diseño:**

**Cliente:**

**Fecha prevista:**

## Lugar de aplicación

### Paleta de colores

### Diseño previo

### Detalle 1

### Detalle 2

### Notas

## Tatuaje

**Diseño:**

**Cliente:**

**Fecha prevista:**

### Paleta de colores

## Lugar de aplicación

## Diseño previo

## Detalle 1

## Detalle 2

## Notas

## Tatuaje

**Diseño:**

**Cliente:**

**Fecha prevista:**

## Lugar de aplicación

## Paleta de colores

## Diseño previo

## Detalle 1

## Detalle 2

## Notas

## Tatuaje

**Diseño:**

**Cliente:**

**Fecha prevista:**

### Paleta de colores

## Lugar de aplicación

## Diseño previo

## Detalle 1

## Detalle 2

## Notas

## Tatuaje

**Diseño:**

**Cliente:**

**Fecha prevista:**

## Lugar de aplicación

### Paleta de colores

### Diseño previo

### Detalle 1

### Detalle 2

### Notas

## Tatuaje

**Diseño:**

**Cliente:**

**Fecha prevista:**

### Paleta de colores

## Lugar de aplicación

## Diseño previo

## Detalle 1

## Detalle 2

## Notas

## Tatuaje

**Diseño:**

**Cliente:**

**Fecha prevista:**

## Lugar de aplicación

### Paleta de colores

### Diseño previo

### Detalle 1

### Detalle 2

### Notas

## Tatuaje

**Diseño:**

**Cliente:**

**Fecha prevista:**

### Paleta de colores

## Lugar de aplicación

## Diseño previo

## Detalle 1

## Detalle 2

## Notas

## Tatuaje

**Diseño:**

**Cliente:**

**Fecha prevista:**

## Lugar de aplicación

### Paleta de colores

### Diseño previo

### Detalle 1

### Detalle 2

### Notas

## Tatuaje

**Diseño:**

**Cliente:**

**Fecha prevista:**

### Paleta de colores

## Lugar de aplicación

## Diseño previo

## Detalle 1

## Detalle 2

## Notas

## Tatuaje

**Diseño:**

**Cliente:**

**Fecha prevista:**

### Paleta de colores

## Lugar de aplicación

## Diseño previo

## Detalle 1

## Detalle 2

## Notas

## Tatuaje

**Diseño:**

**Cliente:**

**Fecha prevista:**

### Paleta de colores

## Lugar de aplicación

## Diseño previo

## Detalle 1

## Detalle 2

## Notas

## Tatuaje

**Diseño:**

**Cliente:**

**Fecha prevista:**

### Paleta de colores

## Lugar de aplicación

## Diseño previo

## Detalle 1

## Detalle 2

## Notas

## Tatuaje

**Diseño:**

**Cliente:**

**Fecha prevista:**

### Paleta de colores

## Lugar de aplicación

## Diseño previo

## Detalle 1

## Detalle 2

## Notas

## Tatuaje

**Diseño:**

**Cliente:**

**Fecha prevista:**

## Lugar de aplicación

### Paleta de colores

### Diseño previo

### Detalle 1

### Detalle 2

### Notas

## Tatuaje

**Diseño:**

**Cliente:**

**Fecha prevista:**

### Paleta de colores

## Lugar de aplicación

## Diseño previo

## Detalle 1

## Detalle 2

## Notas

## Tatuaje

**Diseño:**

**Cliente:**

**Fecha prevista:**

### Paleta de colores

## Lugar de aplicación

## Diseño previo

## Detalle 1

## Detalle 2

## Notas

## Tatuaje

**Diseño:**

**Cliente:**

**Fecha prevista:**

### Paleta de colores

## Lugar de aplicación

## Diseño previo

## Detalle 1

## Detalle 2

## Notas

## Tatuaje

**Diseño:**

**Cliente:**

**Fecha prevista:**

### Paleta de colores

## Lugar de aplicación

## Diseño previo

### Detalle 1

### Detalle 2

## Notas

## Tatuaje

**Diseño:**

**Cliente:**

**Fecha prevista:**

### Paleta de colores

## Lugar de aplicación

## Diseño previo

## Detalle 1

## Detalle 2

## Notas

## Tatuaje

**Diseño:**

**Cliente:**

**Fecha prevista:**

## Lugar de aplicación

## Paleta de colores

## Diseño previo

## Detalle 1

## Detalle 2

## Notas

## Tatuaje

**Diseño:**

**Cliente:**

**Fecha prevista:**

### Paleta de colores

## Lugar de aplicación

## Diseño previo

## Detalle 1

## Detalle 2

## Notas

## Tatuaje

**Diseño:**

**Cliente:**

**Fecha prevista:**

## Lugar de aplicación

### Paleta de colores

### Diseño previo

### Detalle 1

### Detalle 2

### Notas

## Tatuaje

**Diseño:**

**Cliente:**

**Fecha prevista:**

## Lugar de aplicación

### Paleta de colores

### Diseño previo

### Detalle 1

### Detalle 2

## Notas

## Tatuaje

**Diseño:**

**Cliente:**

**Fecha prevista:**

## Lugar de aplicación

## Paleta de colores

## Diseño previo

## Detalle 1

## Detalle 2

## Notas

## Tatuaje

**Diseño:**

**Cliente:**

**Fecha prevista:**

### Paleta de colores

## Lugar de aplicación

## Diseño previo

## Detalle 1

## Detalle 2

## Notas

## Tatuaje

**Diseño:**

**Cliente:**

**Fecha prevista:**

## Paleta de colores

## Lugar de aplicación

## Diseño previo

## Detalle 1

## Detalle 2

## Notas

## Tatuaje

**Diseño:**

**Cliente:**

**Fecha prevista:**

### Paleta de colores

## Lugar de aplicación

## Diseño previo

## Detalle 1

## Detalle 2

## Notas

## Tatuaje

**Diseño:**

**Cliente:**

**Fecha prevista:**

### Paleta de colores

## Lugar de aplicación

## Diseño previo

## Detalle 1

## Detalle 2

## Notas

## Tatuaje

**Diseño:**

**Cliente:**

**Fecha prevista:**

## Lugar de aplicación

### Paleta de colores

### Diseño previo

### Detalle 1

### Detalle 2

### Notas

## Tatuaje

**Diseño:**

**Cliente:**

**Fecha prevista:**

### Paleta de colores

## Lugar de aplicación

## Diseño previo

## Detalle 1

## Detalle 2

## Notas

## Tatuaje

Diseño:

Cliente:

Fecha prevista:

### Paleta de colores

### Lugar de aplicación

### Diseño previo

### Detalle 1

### Detalle 2

## Notas

## Tatuaje

**Diseño:**

**Cliente:**

**Fecha prevista:**

## Lugar de aplicación

### Paleta de colores

### Diseño previo

### Detalle 1

### Detalle 2

### Notas

## Tatuaje

**Diseño:**

**Cliente:**

**Fecha prevista:**

### Paleta de colores

## Lugar de aplicación

## Diseño previo

## Detalle 1

## Detalle 2

## Notas

## Tatuaje

**Diseño:**

**Cliente:**

**Fecha prevista:**

### Paleta de colores

## Lugar de aplicación

## Diseño previo

## Detalle 1

## Detalle 2

## Notas

## Tatuaje

**Diseño:**

**Cliente:**

**Fecha prevista:**

## Lugar de aplicación

## Paleta de colores

## Diseño previo

## Detalle 1

## Detalle 2

## Notas

## Tatuaje

**Diseño:**

**Cliente:**

**Fecha prevista:**

### Paleta de colores

## Lugar de aplicación

## Diseño previo

## Detalle 1

## Detalle 2

## Notas

## Tatuaje

**Diseño:**

**Cliente:**

**Fecha prevista:**

### Paleta de colores

## Lugar de aplicación

## Diseño previo

## Detalle 1

## Detalle 2

## Notas

## Tatuaje

**Diseño:**

**Cliente:**

**Fecha prevista:**

## Lugar de aplicación

## Paleta de colores

## Diseño previo

## Detalle 1

## Detalle 2

## Notas

## Tatuaje

**Diseño:**

**Cliente:**

**Fecha prevista:**

## Lugar de aplicación

## Paleta de colores

## Diseño previo

## Detalle 1

## Detalle 2

## Notas

## Tatuaje

**Diseño:**

**Cliente:**

**Fecha prevista:**

## Lugar de aplicación

### Paleta de colores

### Diseño previo

### Detalle 1

### Detalle 2

### Notas

## Tatuaje

**Diseño:**

**Cliente:**

**Fecha prevista:**

## Lugar de aplicación

### Paleta de colores

### Diseño previo

### Detalle 1

### Detalle 2

### Notas

## Tatuaje

**Diseño:**

**Cliente:**

**Fecha prevista:**

## Lugar de aplicación

### Paleta de colores

### Diseño previo

### Detalle 1

### Detalle 2

### Notas

## Tatuaje

**Diseño:**

**Cliente:**

**Fecha prevista:**

## Lugar de aplicación

### Paleta de colores

### Diseño previo

### Detalle 1

### Detalle 2

### Notas

## Tatuaje

**Diseño:**

**Cliente:**

**Fecha prevista:**

## Lugar de aplicación

### Paleta de colores

### Diseño previo

### Detalle 1

### Detalle 2

## Notas

## Tatuaje

**Diseño:**

**Cliente:**

**Fecha prevista:**

## Lugar de aplicación

**Paleta de colores**

**Diseño previo**

**Detalle 1**

**Detalle 2**

## Notas

## Tatuaje

**Diseño:**

**Cliente:**

**Fecha prevista:**

## Lugar de aplicación

### Paleta de colores

### Diseño previo

### Detalle 1

### Detalle 2

### Notas

www.ingramcontent.com/pod-product-compliance
Lightning Source LLC
Chambersburg PA
CBHW080549220526
45466CB00010B/3092